ChatGPT als Heilsbringer?

Klaus Zierer

ChatGPT als Heilsbringer?

Über Möglichkeiten und Grenzen von KI im Bildungsbereich

Waxmann 2024
Münster • New York

Bibliografische Informationen der Deutschen Nationalbibliothek
Die Deutsche Nationalbibliothek verzeichnet diese Publikation in der Deutschen Nationalbibliografie; detaillierte bibliografische Daten sind im Internet über http://dnb.dnb.de abrufbar.

Print-ISBN 978-3-8309-4900-8
E-Book-ISBN 978-3-8309-9900-8

Steinfurter Straße 555, 48159 Münster

www.waxmann.com
info@waxmann.com

Umschlaggestaltung: Anne Breitenbach, Münster
Satz: MTS. Satz & Layout, Münster
Druck: Elanders GmbH, Waiblingen

Gedruckt auf alterungsbeständigem Papier,
säurefrei gemäß ISO 9706

Printed in Germany

Inhalt

Vorwort

Als ChatGPT im November 2022 online ging, dauert es nicht lange, bis gesamtgesellschaftlich eine Debatte startete, die schnell auch den Bildungsbereich berührte und bis heute nicht abgeschlossen ist. Nicht nur als Ordinarius für Schulpädagogik an der Universität Augsburg, sondern auch als Vater von drei Kindern, die allesamt noch im Schulsystem sind, sah ich es als meine Aufgabe an, mich zügig und intensiv mit dieser Form von künstlicher Intelligenz zu befassen. So folgten viele Stunden des Experimentierens, des Recherchierens und des Diskutierens. Die Ergebnisse habe ich in den letzten 18 Monaten immer wieder in den Leitmedien platzieren können, so z. B. in der Neuen Zürcher Zeitung die Beiträge „Turbodigitalisierung an den Schulen" und „Hirne statt Handys",[1] in der Süddeutschen Zeitung den Beitrag „Tablet-Wahn"[2] und in der Frankfurter Allgemeinen Zeitung den Beitrag „Selbst verschuldet unmündig durch Chatbots?".[3] Immer wieder erreichten mich daraufhin Zuschriften und Anfragen von Lehrpersonen, meine Ausführungen zu erläutern und zu vertiefen. Diesen Anfragen folgend habe ich mich entschieden, meine Überlegungen in dem vorliegenden Buch zusammenzutragen und zu veröffentlichen. Die Hoffnung dabei ist, dass in der Kürze der Ausführungen ein Impuls in die Breite möglich wird, der Schulen vor Ort unterstützt, einen humanen Weg im Zeitalter der Digitalisierung einzuschlagen.

Weit davon entfernt also, eine abschließende Darstellung zu Chatbots im Bildungsbereich geben zu können, sind alle Leserinnen und Leser eingeladen, sich kritisch-konstruktiv mit einer schulpädagogischen Betrachtung von ChatGPT & Co. auseinanderzusetzen.

Marklkofen, im März 2024
Klaus Zierer

Prolog: ChatGPT & Co. als größte Revolution der Menschheitsgeschichte?

Seit über einem Jahr ist ChatGPT in der Welt und damit der Geist aus der Flasche. Die Entwicklung ist rasant: Mittlerweile gibt es einige Chatbots, die sogar als App auf dem Handy an jeden Ort mitgenommen werden können. Während sich die einen an den Möglichkeiten der Technik berauschen und daran ergötzen, zu was die Technik alles in der Lage ist, sorgen sich die anderen, wie man diesen Geist wieder los wird, weil sie fürchten, dass der Mensch mehr Schaden als Nutzen haben wird.

Als erster sprachgenerativer Chatbot wurde ChatGPT im November 2022 für eine breite Öffentlichkeit kostenlos freigeschaltet. Es dauerte nicht lange, bis gesamtgesellschaftlich über Möglichkeiten und Grenzen dieser Form von künstlicher Intelligenz diskutiert wurde. Dabei war es nicht überraschend, dass diese Debatten auch den Bildungsbereich erreichten. Spätestens mit dem ersten DigitalPakt ist Digitalisierung eines der schulischen Schlüsselthemen und wie immer, wenn es um Technik geht, lassen sich schnell euphorische Positionen einerseits und apokalyptische Zwischenrufe andererseits vernehmen. Dass bereits heute Studien zur Wirksamkeit von Chatbots und so auch zur Wirksamkeit von ChatGPT vorliegen, belegt nicht nur das große Interesse aus wissenschaftlicher Sicht, sondern auch die

Aktualität der empirischen Bildungsforschung. Kein anderes Thema hat in den letzten Monaten für so viel Aufmerksamkeit und Forschungsaktivität gesorgt.

Allgemein betrachtet sind Chatbots computerbasierte Programme, die eine Konversation mit Menschen ermöglichen. Sie sind in der Lage, Sprach- oder Textnachrichten zu verstehen und darauf zu reagieren. Auch wenn es die derzeitige Debatte suggeriert, ChatGPT ist nicht der erste Chatbot der Geschichte. ELIZA nimmt diesen Platz ein, ein regelbasiertes Programm für Psychotherapeuten, das von Joseph Weizenbaum in den 1960er-Jahren am MIT entwickelt wurde. Es folgten weitere Entwicklungen, von denen Siri und Alexa wohl zu den bekanntesten zählen. Sie wurden zu Beginn der 2010er-Jahre entwickelt und sind sprachbasierte virtuelle Assistenten. Die generativen Sprachmodelle folgten in den nächsten Jahren, bis schließlich ChatGPT & Co. in den letzten Jahren mit einem ungeahnten Leistungsvermögen für Furore sorgten.

Ohne Zweifel sind Chatbots ein Paradebeispiel dafür, was menschliche Schöpferkraft alles hervorbringen kann. Revolutionierte noch vor Jahrzehnten der Taschenrechner die Möglichkeiten beim Rechnen, weil komplexe Aufgaben in Windeseile gelöst werden können, so sind heute ChatGPT & Co. das Pendant in der Sprache. In Sekundenschnelle wird das Weltwissen des Internets genutzt, um zu allen Fragen eine grammatikalisch und orthographisch korrekte Antwort zu geben. Dass dabei auch Fehler unterlaufen, mag durchaus verstören, aber zu Fall bringen werden sie Chatbots nicht. Schon heute zeigen Befragungen, dass immer mehr Menschen darauf zurückgreifen und selbst Schülerinnen und Schüler sie nutzen. Wer braucht schon noch Hausaufgaben, warum sollte man noch etwas auswendig lernen und wieso noch die Mühen auf sich nehmen, einen Gedanken oder gar einen Text selbst zu produzieren, wo ChatGPT & Co. das schneller und in vielen Fällen auch besser können?

Taschenrechner – (K)eine Revolution des Rechnens!?

Aber genau darin liegt die Gefahr, die bereits Taschenrechner vor Augen führten.

Als die ersten Taschenrechner auf den Markt kamen und sich damit die Möglichkeit eröffnete, auch den Mathematikunterricht zu verändern, vielleicht sogar zu revolutionieren, gab es große Diskussionen, die zwischen Euphorie und Apokalypse anzusiedeln waren – ähnlich der heutigen Auseinandersetzung hinsichtlich einer Digitalisierung im Bildungsbereich. Rückblickend könnten Skeptiker für sich in Anspruch nehmen, Recht gehabt zu haben:

Orientiert man sich an den Ergebnissen der empirischen Bildungsforschung, wie sie beispielsweise in John Hatties „Visible Learning" umfassend dargelegt sind,[4] so können Faktoren dann als wirksam eingestuft werden, wenn sie eine Effektstärke größer als 0,40 erzielen. Dieser Wert ist der durchschnittliche Effekt über alle empirische Studien hinweg und damit als Orientierung zu sehen für das, was wirkt und eben nicht wirkt. Übertrifft ein Faktor diese Effektstärke, so kann er für sich eine überdurchschnittliche Wirksamkeit in Anspruch nehmen. Zum Einsatz von Taschenrechnern umfasst die Studienlage in „Visible Learning" fünf Meta-Analysen mit über 200 Primärstudien. Sie liefert eine Effektstärke von 0,23 und bleibt damit deutlich unter dem Umschlagpunkt von 0,40. Allerdings lohnt ein detaillierter Blick auf die Daten. Denn es zeigt sich, dass Taschenrechner durchaus ihren Sinn und Zweck erfüllen können. Dies ist beispielsweise dann der Fall, wenn durch ihren Einsatz die kognitive Belastung auf Seiten der Lernenden reduziert wird, um sich stärker dem eigentlichen Problem zu widmen und es dann auch erfolgreich zu lösen, oder wenn sie im Rahmen einer Selbstkontrolle zur Anwendung kommen. Beides zusammen führt nachweislich zu einer positiveren Einstellung gegenüber Mathematik. Als reines Ersatzangebot für ein rechnerisches, logisches und räumliches Denken zeigt sich die Nutzung von Taschenrechnern als problematisch.

So eingesetzt, hat man zwar schnell ein Ergebnis, das viele aber weder einordnen noch interpretieren können – „from judgment to calculation", also weg vom Urteilen hin zum Berechnen, wie Joseph Weizenbaum das damit verbundene Problem benennt.[5] Das Denken wird ausgelagert und man fragt sich: Wo lassen Sie denken? Martin Heidegger geht an dieser Stelle noch tiefer und fragt auch nicht nur nach dem Ort des Denkens, sondern auch nach der Art und Weise.

Rechnendes Denken vs. besinnliches Denken

Ohne erziehungswissenschaftliche Fragen auch nur im Ansatz im Blick zu haben, hat Martin Heidegger in seinem Buch „Gelassenheit“ aus dem Jahr 1959 derartig moderne Überlegungen angestellt, die meines Erachtens für die gegenwärtige Erziehungswissenschaft so gewinnbringend erscheinen, dass sie einer näheren Betrachtung unterzogen werden sollen.

Zu diesem Zweck werden in einem ersten Schritt die Kerngedanken Martin Heideggers aus seinem Buch „Gelassenheit“ vorgestellt, die – ausgehend von einer phänomenologischen Analyse der Alltagswelt – in die Charakterisierung eines „rechnenden Denkens“ münden. Dieses „rechnende Denken“ dominiert auch den gegenwärtigen Diskurs in den Erziehungswissenschaften.[6] Damit verbinden sich Gefahren, die in einem zweiten Schritt näher erläutert werden. In einem dritten Schritt werden schließlich Konsequenzen aus dem Gesagten abgeleitet und ein Gegenentwurf, ein Korrektiv formuliert, das Martin Heidegger „besinnliches Denken“ bezeichnet und mit einer gelassenen Haltung in Verbindung bringt.

Zentraler Text des Buches „Gelassenheit“ von Martin Heidegger ist eine Rede, die er anlässlich des 175. Geburtstages des Komponisten Conradin Kreutzer 1955 in Meßkirchen gehalten hat. Er benutzt diesen Anlass einer Gedenkfeier, um zu zeigen, dass Menschen heute meist „gedanken-arm", ja sogar „gedanken-los" sind und macht dies an der Flut der Veranstaltungen fest, an denen der Mensch teilnimmt, ohne sich gedanklich damit zu befassen. Vielmehr lässt man sich unterhalten. Diese Beobachtung kann ohne Schwierigkeiten auf die Gegenwart übertragen werden. Man denke nur an die „Events" und „Partys", an die „Shows" und „Talks", denen der Mensch live und im Fernseher auf hunderten Kanälen oder in den sozialen Medien ausgesetzt ist. Angesichts dieser Verwerfungen resümiert Martin Heidegger:

> „Der heutige Mensch ist auf der Flucht vor dem Denken."[7]

Dieser Charakterisierung der Gegenwart wird man – wie es auch Martin Heidegger selbst tut – entgegenhalten, „zu keiner Zeit sei so weit hinaus geplant, so vielerlei untersucht, so leidenschaftlich geforscht worden wie heute."[8] Im erziehungswissenschaftlichen Kontext sei vor allem an die internationalen Vergleichsstudien PISA & Co. erinnert, in denen von Forscherteams Unmengen von Daten erhoben, alle möglichen Korrelationen berechnet, unzählige Signifikanzwerte ermittelt werden und so die Bildungslandschaft vermessen wird. Dieses Denken, dieses empirische Forschen ist unentbehrlich und hat seinen Nutzen – kein Zweifel daran. Aber – und das ist das Entscheidende – es ist ein Denken besonderer Art:

> „Sein Eigenartiges besteht darin, dass wir, wenn wir planen, forschen und einen Betrieb einrichten, stets mit gegebenen Umständen rechnen. Wir stellen sie in Rechnung aus der

> berechneten Absicht auf bestimmte Zwecke. Wir rechnen voraus auf bestimmte Erfolge. Dieses Rechnen kennzeichnet alles planende und forschende Denken. Solches Denken bleibt auch dann ein Rechnen, wenn es nicht mit Zahlen operiert und nicht die Zählmaschine und keine Großrechenanlage in Gang setzt."[9]

Infolgedessen spricht Martin Heidegger von einem „rechnenden Denken" und charakterisiert es folgendermaßen:

> „Das rechnende Denken kalkuliert. Es kalkuliert mit fortgesetzt neuen, mit immer aussichtsreicheren und zugleich billigeren Möglichkeiten. Das rechnende Denken hetzt von einer Chance zur nächsten. Das rechnende Denken hält nie still, kommt nicht zur Besinnung. Das rechnende Denken ist kein besinnliches Denken, kein Denken, das dem Sinn nachdenkt, der in allem waltet, was ist."[10]

Es liegt auf der Hand, dass diese Art zu denken, das „rechnende Denken", Gefahren mit sich bringt, die den Anhängern des „rechnenden Denkens" wohl kaum bewusst sein dürften. Sie sind jedoch auch für sie selbst weitreichend und in ihrer negativen Konsequenz vernichtend.

Am Beispiel der technisierten Welt weist Martin Heidegger auf einzelne Gefahren hin: Die Vermessung der Bildungslandschaft führt dazu, dass der Mensch selbst vermessen wird. Der Mensch wird mit einem gewissen IQ versehen, Ziffernnoten bestimmen seinen weiteren Bildungsweg, Kompetenzstufen determinieren seine Persönlichkeit. All das passiert mit einer Selbstverständlichkeit und – dies sei betont – zunächst mit gutem Gewissen. Das Problem ist jedoch, dass sich der Mensch einer vollständigen Messbarkeit entzieht und deswegen auch alle Erziehungs- und Unterrichtsprozesse, die eine Begegnung von Mensch zu Mensch darstellen. Es besteht kein Zweifel an den Worten von Otto Friedrich Bollnow, dass Erziehung ein Wagnis ist, frei und offen zugleich: Frei, weil der Zögling jederzeit die Lebenshilfe durch den Erzieher abbrechen kann. Offen, weil nicht gesagt werden kann, ob die Lebenshilfe von Erfolg gekrönt sein wird oder nicht.[11] Damit sind Kennzeichen genannt, mit denen ein „rechnendes Denken" nicht umgehen kann. Vielmehr versucht es doch Freiheit und Offenheit auszuklammern, auszuschalten, aus der Rechnung zu nehmen. Und damit kommt es zu einer Entfremdung des Menschen. Denn der Mensch ist nicht in erster Linie ein berechenbares Wesen, sondern in seiner Komplexität unberechenbar. Glücklicherweise und auch paradoxerweise helfen empirische Daten, dieses Argument zu stützen. In einer Synthese von Meta-Analysen zu Unterrichtseffekten kommt John Hattie zu dem Ergebnis, dass höchstens 30 % des Lernerfolges auf die Lehrperson zurückgeführt werden können. Der Rest wird durch andere Faktoren bestimmt.

Die Vermessung der Bildungslandschaft führt dazu, dass die gewonnenen Zahlen in Ranglisten gebracht werden. Zur Verdeutlichung reicht ein Blick in die europäische Nachbarschaft: In England, um ein Beispiel anzuführen, werden jedes Jahr die SATs, also die landesweiten Schulleistungsdaten, in der Zeitung veröffentlicht und jeder, der sich dafür interessiert, kann nachlesen, wo die besten Schüler, die besten Lehrkräfte und die besten Eltern sind. Welcher Druck dadurch aber auf allen Beteiligten lastet, liegt auf der Hand. Wenn Menschen in Zahlen gepresst werden, das Wesen des Menschen in einer Messbarkeit gesucht wird und es somit zu einer Entfremdung des Menschen kommt, dann bleiben Frustrationen, Ängste und Versagen nicht aus. Damit aber nicht genug: Es kommt schlussendlich zu einer Kapitalisierung der Bildung, da die gewonnenen Ranglisten über Sein und Haben entscheiden. Wer im Bildungsranking weit vorne liegt, bekommt mehr Geld – sowohl der Einzelne als auch die Gemeinschaft. Der Mensch wir zum Humankapital und so zu einem Widerspruch in sich.

Nimmt man beide Gefahrenpunkte zusammen, so lässt sich formulieren: Die Vermessung der Bildungslandschaft sieht den Menschen als Homo arithmeticus. Zwei Beispiele sollen zur Verdeutlichung dienen: Nicht das Kind als solches bewirbt sich am Gymnasium, sondern der Schüler X mit den Noten 1 in Mathematik, 2 in Deutsch und 3 im Sachunterricht. Nicht der Mensch als solcher bewirbt sich auf eine Professur, sondern der Wissenschaftler X mit 15 Peer-Review-Beiträgen, 6 laufenden Forschungsprojekten und 1,3 Millionen Euro Fördersumme. Der Mensch wird reduziert auf einzelne messbare Faktoren. Alles weitere wird nicht beachtet und fällt unter den Tisch.

Auch ChatGPT & Co. sind vor diesem Hintergrund Paradebeispiele für ein „rechnendes Denken“. Sie folgen dieser Logik, indem Wahrscheinlichkeiten berechnet werden, um einen Buchstaben nach dem anderen aneinanderzureihen. Nach dem Sinn wird dabei nicht gefragt. Diese Frage nach dem Sinn darf nicht verwechselt werden mit der Tatsache, dass die Antworten von Chatbots durchaus für sich genommen sinnvoll sind. Die Frage nach dem Sinn meint stattdessen, welche Bedeutung die Antwort für den Menschen hat. Hierauf können Chatbots keine Antwort geben. Im Sinn von Martin Heidegger lässt sich daher folgern, dass Chatbots nicht denken. Je mehr sie aber in die Lebenswelt des Menschen hineinwirken und je mehr sie ihm damit das Denken abnehmen, weil der Mensch sich mit einer sinnvollen Antwort begnügt und selbst nicht mehr nach dem Sinn fragt, desto mehr verlernt auch der Mensch das Denken und verfällt einem „rechnenden Denken", das ihm mit ChatGPT & Co. in nahezu perfektionierter Weise präsentiert wird und zugänglich ist.

Vom Ethos der Gelassenheit

Angesichts der dargelegten Zusammenhänge erscheint das „rechnende Denken“ für die Erziehungswissenschaften ambivalent: Einerseits ist es gewinnbringend, andererseits gefährlich; man kann nicht mit und auch nicht ohne. Allerdings lässt sich der eingeschlagene Weg nicht mehr umkehren und er soll es auch nicht. Ein „rechnendes Denken“ ist gerade im erziehungswissenschaftlichen Kontext wichtig, so dass der Ausweg aus diesem Dilemma nur in der Auseinandersetzung mit diesem selbst gefunden werden kann. Wie sieht er aus? Martin Heidegger macht folgenden Vorschlag:

Man muss das „rechnende Denken“ bejahen. Gleichzeitig muss man es aber auch verneinen, insofern man dem „rechnenden Denken“ verwehrt, „uns ausschließlich [zu] beanspruchen und so unser Wesen [zu] verbiegen, [zu] verwirren und zuletzt [zu] veröden.“[12] Kann man gleichzeitig „ja“ und „nein“ sagen? Führt dies nicht zu einem Widerspruch, zu einem Zweispalt? Ganz im Gegenteil, so die Auffassung von Martin Heidegger:

> „Unser Verhältnis zur technischen Welt [und zum ‚rechnenden Denken‘] wird auf eine wundersame Weise einfach und ruhig. Wir lassen die technischen Gegenstände in unsere tägliche Welt herein und lassen sie zugleich draußen, d.h.

> auf sich beruhen als Dinge, die nichts Absolutes sind, sondern selbst auf Höheres angewiesen bleiben."[13]

Die Haltung, die hinter diesem Ja- und Neinsagen steckt, bezeichnet er als „Gelassenheit". Für die Erziehungswissenschaften bedeutet dies, dass empirische Forschungen wichtig sind und in ihrer Reichweite ernst genommen werden müssen. Allerdings dürfen sie nicht absolut und privilegiert behandelt werden. „Rechnendes Denken" stellt eine bestimmte Art des Denkens dar. Wie sieht folglich dieses Neinsagen zum „rechnenden Denken" aus? Gibt es einen Gegenpol, ein Korrektiv dazu?

Nach Auffassung von Martin Heidegger ist dies das „besinnliche Denken", ein Denken, das eben nicht nur nach Zahlen trachtet, sondern den Sinn, der hinter allem steckt, sucht. Dieses Denken

> „verlangt bisweilen eine höhere Anstrengung. Es fordert eine längere Einübung. Es bedarf einer noch feineren Sorgfalt als jedes andere echte Handwerk. Es muss aber auch warten können wie der Landmann, ob die Saat aufgeht und zur Reife kommt."[14]

Vor diesem Hintergrund ist es im Vorfeld nicht planbar, nicht vorhersehbar, nicht konkretisierbar. Freiheit und Offenheit – Merkmale, die das „rechnende Denken" auszuklammern versucht – gehören zur Bestimmung des „besinnlichen Denkens". Methodisch betrachtet sind an dieser Stelle Hermeneutik, Phänomenologie und Dialektik zu nennen. Die Frage nach dem Sinn steht bei diesen im Mittelpunkt.

Chatbots folgen ausschließlich einem „rechnenden Denken“. Was das Wissen mit dem Menschen macht, welche Bedeutung es für sein Leben hat, welche Gefühle es erzeugt und was Gefühle überhaupt sind, diese und ähnliche Fragen können Chatbots nicht verstehen, weil sie nicht berechenbar sind. Das „besinnliche Denken“ entzieht sich der Rechenleistung von Maschinen. Es ist nur der Vernunft des Menschen zugänglich, die dieser in Freiheit nutzen kann. Opfert er diese Freiheit, indem er sich unreflektiert und damit unvernünftig dem „rechnenden Denken“ von Chatbots hingibt, ist eine selbstverschuldete Unmündigkeit die Folge, die über kurz oder lang dem Menschen auch die Fähigkeit rauben wird, selbstbestimmt zu entscheiden und seine Freiheit vernünftig zu nutzen.

Eine ähnliche Ausgangssituation zeigte sich in der Aufklärung, die sich einer selbstverschuldeten Unmündigkeit stellte: unmündig, weil der Mensch ohne Leitung eines anderen nicht mehr denkt und auch nicht mehr denken kann; selbstverschuldet, weil der Mensch auch anders könnte, wenn er nur wollte.

Verlust der Freiheit und prometheisches Gefälle

Auch heute versinken Menschen in einer selbstverschuldeten Unmündigkeit. Freiwillig geben sie sich der technischen Revolution hin, zücken das Handy beim Anflug von Langweile, bei Gedächtnislücken, bei Lernaufgaben. Noch bevor das eigene Denken überhaupt in Gang gekommen ist, liefern Chatbots auch schon eine Antwort. Ohne Zweifel führt all das dazu, dass der Mensch in eine Abhängigkeit kommt, die ihm letztlich nicht nur die Freiheit, sondern auch die Vernunft rauben wird: die Freiheit, weil immer mehr Aufgaben von ChatGPT & Co. so schnell und auch so gut gelöst werden, dass irgendwann ein Weg zurück nicht mehr möglich ist und der Mensch glaubt, zu sehr im Schatten der Technik zu stehen; die Vernunft, weil über kurz oder lang Tätigkeiten, die heute als selbstverständlich gelten, niemand mehr kann und damit die nötige Kompetenz verloren ist. Das Ergebnis ist das prometheische Gefälle, wie es Günther Anders nennt,[15] ein Gefälle zwischen den technischen Möglichkeiten einerseits, die immer größer werden, und der immer weiter abfallenden menschlichen Bereitschaft und Fähigkeit, diese kritisch zu reflektieren. Dadurch wird der Mensch sich seiner Selbst fremd und es kommt zu einer folgenreichen Entgrenzung, die sich an Raum und Zeit verdeutlichen lässt.

Raum und Zeit lassen sich im Anschluss an Martin Heidegger als Existenzialien verstehen:[16] Sie sind aus ontologischer Sicht Grenzen des Menschseins. Der Mensch ist immer an eine bestimmte Zeit und an einen bestimmten Raum gebunden. Er kann sich weder seinem Hier noch seinem Jetzt entziehen. Selbst wenn in Gedanken ein Entfliehen gelingt, immer wieder kehrt der Mensch in sein Hier und sein Jetzt zurück. Digitalisierung nimmt auf dieses Hier und Jetzt in besonderer Weise Einfluss, weil es beide nicht auf natürlichem, sondern auf technischem Weg verändert. So können Menschen heute mithilfe digitaler Medien mit Menschen auf der ganzen Welt zur selben Zeit kommunizieren und interagieren. Digitale Kontakte sind in einer Art und Weise möglich, wie sie analog nie denkbar wären. Damit zeigt sich: Mit der Entgrenzung von Raum und Zeit durch Digitalisierung kommt es auch zu einer Entgrenzung des Menschen.

Dass diese Entgrenzung des Menschen nicht ohne Folge bleibt, darauf haben technik-kritische Stimmen schon immer hingewiesen, wobei zu betonen ist: Kritisch meint hier nicht vernichtend im apokalyptischen Sinn, sondern unterscheidend und trennend basierend auf Vernunft und Empirie.[17] Beispielsweise bringt bereits Martin Heidegger in „Die Frage nach der Technik“ diese Entgrenzung des Menschen zur Sprache, ohne damals auch nur eine Ahnung davon haben zu können, was Technik heute möglich machen kann. Auf der Suche nach dem Wesen der Technik kommt er nämlich zu dem Ergebnis:[18] Technik kann dem Menschen seine Freiheit nehmen. Wie ist das zu verstehen? In

„Die Antiquiertheit des Menschen“ liefert Günther Anders eine Antwort auf diese Frage:[19] Zunächst definiert er den Menschen als Grenze seiner selbst. Denn der Mensch hat zwar viele Möglichkeiten, aber gleichzeitig sind diese Möglichkeiten auch seine Grenzen. So ist der Mensch durchaus ein freies Wesen, das frei von bestimmten Zwängen ist und dadurch auch frei, sich zu entscheiden. Aber diese Freiheit ist nicht grenzenlos, sondern beispielsweise an die Grenzen der menschlichen Vernunft gebunden. Mithilfe der Technik ist der Mensch nun in der Lage, seine eigenen Grenzen zu verschieben. Beispielsweise kann der Mensch seine natürlich begrenzte Rechenleistung in der Minute durch Computerunterstützung steigern und steigern. Somit sind Rechenoperationen, die im vordigitalen Zeitalter mehrere Wochen dauerten, heute in Sekundenschnelle realisierbar. Ist diese Technik einmal erst in der Welt, führt sie zu einer Abhängigkeit des Menschen und nimmt ihm seine Freiheit.

Technik im Allgemeinen und Digitalisierung als eine technische Erscheinungsform im Besonderen ermöglichen dem Menschen folglich, seine Grenzen zu verschieben. Sie führen zu einer Entgrenzung des Menschen. Günther Anders nennt diese Verschiebung „prometheisches Gefälle“: Der Abstand zwischen dem Menschen und der von ihm geschaffenen Produktwelt wird immer größer. Draus zieht er drei Schlussfolgerungen:

> „dass wir der Perfektion unserer Produkte nicht gewachsen sind; dass wir mehr herstellen als wir uns vorstellen und verantworten können; und dass wir glauben, das, was wir können, auch zu dürfen, nein: zu sollen, nein: zu müssen“.[20]

Diese Schlussfolgerungen sind auch für Bildung und Erziehung von Bedeutung. Denn in jeder ist die pädagogisch relevante Frage enthalten: Wie verändert Digitalisierung das Fühlen, Denken, Handeln und Leben von Menschen? Oder anders formuliert: Wer ist der Mensch im Zeitalter der Digitalisierung?

Bildung als Autorschaft des eigenen Lebens

Von Georg Wilhelm Friedrich Hegel stammt der Begriff der Menschwerdung, und er meint damit, dass der Mensch erst werden muss, was er ist.[21] Mag diese Aussage auf den ersten Blick tautologisch anmuten, so eröffnet sie bei genauerer Betrachtung die zentrale Frage für pädagogisches Denken und Handeln: Wer ist der Mensch? Erst wenn sie beantwortet ist, kann der Bildungsbegriff geklärt werden. Denn Bildung fokussiert immer auf den Menschen, geht von ihm aus und führt zu ihm hin.

Max Scheler macht zunächst eine wichtige Unterscheidung.[22] Die Frage lautet nämlich bewusst nicht: Was ist der Mensch, sondern: Wer ist der Mensch? Damit wird ein erstes wichtiges Bestimmungsmerkmal des Menschen genannt: Der Mensch ist keine Sache, sondern er ist Person. Daraus resultiert die Würde des Menschen, auf der unser Grundgesetz aufbaut. Diese Würde ist weniger als normative Setzung, sondern vielmehr als jahrhundertealte Erkenntnis zu versehen, die bereits in der Antike wurzelt. Als Person sind zwei Bestimmungsmomente zentral:[23]

Zum einen ist die Personalität zu nennen. Darunter werden all jene Eigenschaften des Menschen subsumiert, wodurch er sich von anderen Lebewesen unterscheidet. Die bereits angesprochene Würde ist hierzu ebenso zu zählen wie die

Freiheit, die Offenheit und die Interpersonalität. Diese Eigenschaften kommen jedem Menschen in gleicher Weise zu, unabhängig von Geschlecht, Hautfarbe, Herkunft, Ethnie und dergleichen. Bildung ist von hier aus betrachtet immer inklusiv: Jeder Mensch kann sich bilden, und jeder Mensch muss sich bilden.

Zum anderen ist die Individualität zu nennen. Darunter werden all jene Eigenschaften des Menschen subsumiert, wodurch sich ein Mensch von seinen Mitmenschen unterscheidet. Hierzu zählen Wissen, Können, Fähigkeiten und Fertigkeiten, aber ebenso Wertungen, Überzeugungen und Einstellungen. Diese Eigenschaften sind somit vielfältig und veränderbar. Nimmt man diese Individualität bei einem einzelnen Menschen in den Blick und beschreibt sie als Momentaufnahme, so spricht man von der Persönlichkeit.

Personalität und Individualität definieren infolgedessen das Personsein und stehen in einem Wechselwirkungsverhältnis zueinander: Individualität lässt sich nur verstehen auf der Grundlage von Personalität, und Personalität zeigt sich in Individualität. Vor diesem Hintergrund wird davon gesprochen, dass das Personsein nicht nur Gabe, sondern lebenslange Aufgabe ist. Mit anderen Worten: Ein Leben lang steht der Mensch vor der Herausforderung, nicht nur Person zu sein, sondern auch Person zu werden.

Die Bestimmung des Menschen als Person und dessen Ausdifferenzierung in eine Personalität und Individualität legen den Grundstein für die Formel: Bildung als Autorschaft des eigenen Lebens. Denn es ist immerzu der einzelne Mensch, der in der Verantwortung steht, seine Gabe des Menschseins als lebenslange Aufgabe zu sehen und auch zu leben. Natürlich können gewisse Begebenheiten unterstützend oder auch hemmend wirken, aber doch ist es immer der einzelne Mensch, der agieren muss. Bildung ist dementsprechend ein intrapersonaler Vorgang. Die Idee der individuellen Autorschaft des eigenen Lebens gründet auf den Ideen der Selbstbestimmung, der Freiheit und der Gleichheit, sich nach eigenen Vorstellungen entfalten zu können. Bildung ist damit immer Selbstbildung. Denn jede andere Form, das heißt eine Fremdbildung, widerspricht dieser Auffassung, da sie die Eigentümlichkeiten menschlicher Seins- und Lebensweisen nicht wahrnimmt und berücksichtigt, ja sogar verachtet und verletzt.

Der Kern der Autorschaft, das Selbstverständnis als entwickelte moralische Person, ist die Fähigkeit, Gründe abzuwägen und aufgrund dieser Abwägung zu handeln, also Urteilskraft und Entscheidungsstärke zu besitzen. Das unvollendete Projekt der Aufklärung besagt, die Bildung ganz auf das Ziel einer freien, autonomen Person auszurichten.[24] Bildung soll nicht Untertanen schaffen, Bildung soll nicht das Funktionieren der Ökonomie sicherstellen, Bildung soll keinen ideologischen Zielen dienen, sondern Bildung ist der Weg zur autonomen, zur selbstbestimmten Existenz. Das oberste Bildungsziel ist vernünftige Freiheit.

Vernünftige Freiheit als Bildungsziel

Die vernünftige Freiheit, die Jürgen Habermas ins Zentrum seines Spätwerkes stellt, wird zum Bildungsziel der Moderne: Ohne Vernunft kann der Mensch nicht in Freiheit leben, läuft vielmehr Gefahr, in Unmündigkeit zu fallen.

Laut Immanuel Kant waren Faulheit und Feigheit die Ursachen einer selbstverschuldeten Unmündigkeit und sie sind es auch heute:[25] Es ist bequem, woanders denken zu lassen und unmündig zu sein. Warum sollte man sich auch anstrengen, wenn die Technik das, was man nur mühsam erreicht, scheinbar in gleicher Weise hinbekommt? Wer dann lange genug in seiner Bequemlichkeit verharrt, wird am Ende nicht mehr in der Lage sein, das Heft das Handelns selbst in die Hand zu nehmen.

Diese Gefahren von ChatGPT & Co. sind gewichtiger als alle Risiken im Datenschutz, mögliche Fehler und Verzerrungen im Inhalt sowie begrenzte Ethik und Empathie. Denn sie setzen an der Stelle an, die den Menschen zum Menschen macht: Als freies Wesen kraft seiner Vernunft ein erfülltes Leben zu führen. Ist das nicht mehr gegeben, wird der Mensch manipulierbar, unmoralisch, unreflektiert und letztlich dumm.

Es zeigt sich also der pädagogische Auftrag, den Menschen mehr als früher das Denken zu lehren. Was etwas für uns Menschen bedeutet, welchen Sinn es für uns hat, sind die zentralen Fragen und sie können von Technik nicht beantwortet werden. Mehr als früher ist es notwendig, dem Menschen die Gabe der Freiheit und die damit verbundene lebenslange Aufgabe bewusst zu machen. Verantwortung kann nicht delegiert werden. Der Mensch ist dank seiner Vernunft zwar frei von Zwängen, aber immer auch frei, sich zu entscheiden.

Aber was heißt es schon, den Menschen zur Freiheit zu erziehen? Immanuel Kant hat daraus eine der bekanntesten Dichotomien der Pädagogik gemacht: „Wie kultiviere ich die Freiheit bei dem Zwange?“[26]

Die sogenannte Münzparabel kann helfen, das angesprochene Problem zu verstehen. Sie geht auf August Hermann Niemeyer zurück, einen der Gründerväter der deutschsprachigen Pädagogik, zweiter Gründer der Franckeschen Stiftungen und dort Professor für Theologie und Pädagogik:[27]

Man gibt einem Blinden und einem Sehenden jeweils drei Münzen – eine kupferne, eine silberne und eine goldene. Man gestattet jedem, sich eine Münze zu nehmen mit dem Hinweis, dass nach ihm ein noch bedürftigerer Mensch wählen darf. Wer ist in seiner Wahl freier?

Während der Blinde ohne Kenntnis des Wertes der Münzen beliebig zugreift, kann nur der Sehende abwägen und aus Rücksicht auf den Ärmeren wählen. Der Sehende ist also in seiner Entscheidung freier als der Blinde, da er Kenntnis über die Sache besitzt und vor diesem Hintergrund wahrhaft frei wählen kann, autonom ist. Der Blinde wählt willkürlich. Die Vernunft ist daher Grundlage für die Freiheit des Menschen. Auf ihr baut Freiheit auf. Erst der freie Mensch kann moralisch handeln, da er aufgrund seines Wissens um richtig und falsch sich frei entscheiden kann, und zwar für das Gute. Aus diesem Grund betont Jürgen Habermas, dass es sich bei der Freiheit letztlich immer um die „vernünftige Freiheit" handelt.[28] Damit wird Bildung selbst der Schlüssel zur Freiheit und erneut zeigt sich, dass Freiheit immer Gabe und lebenslange Aufgabe ist.

Für das humanistische Denken sind Freiheit und Rationalität eng miteinander verwoben. Schon in der griechischen Klassik wird den Philosophen bewusst, dass es so etwas gibt wie theoretische Freiheit, das heißt eine Freiheit des Urteils und der Überzeugung. Platons Philosophie ist ein besonders radikaler Ausdruck dieser Verbindung von Rationalität und Freiheit. Die praktische Freiheit, die Freiheit des Handelns und des Wollens, ist in der platonischen Philosophie eine Folge der theoretischen Freiheit, der Freiheit des Urteils. Für Platon ist falsches Handeln Ausdruck falscher Überzeugung. Wer die richtigen Überzeugungen hat, handelt auch richtig. Aber sich die richtigen Überzeugungen anzueignen, ist Sache des freien, auf der Abwägung von Gründen beruhenden Urteils. Falsches Handeln ist für Platon Ausdruck falschen Urteils. Falsches Urteil kommt zustande, weil die Gründe nicht sorgfältig genug abgewogen worden sind. Die literarische Form, die Platon wählt, der Dialog, ist Ausdruck eines umfassenden Vernunftvertrauens, der Erwartung, dass all diejenigen, die sich auf das Argument einlassen, am Ende zu den richtigen Überzeugungen gelangen. Da sich jedoch nicht alle auf das bessere Argument einlassen und viele anderen Motiven folgen, fallen diese als Dialogpartner aus und können nicht als frei und verantwortlich gelten. Sie bedürfen der Führung durch andere, nämlich derjenigen, die ihre Entscheidungen ausschließlich auf das bessere Argument stützen, derjenigen, die erkenntnisorientiert handeln.

Empirische Befunde zum Einfluss von Chatbots

In „Visible Learning“, den von John Hattie initiierten und bis heute größten Datensatz an Studien zu schulischen Einflussfaktoren auf die Lernleistungen, finden sich über 360 Faktoren zu Gelingensbedinungen von Schule und Unterricht. Auch der Faktor „Chatbots“ wird angeführt. Er umfasst fünf Meta-Analysen,[29] die sich mit dem Einfluss der genannten Varianten von Chatbots auf die Lernleistung von Kindern und Jugendlichen befassen. Die Ergebnisse zeigen durchaus bemerkenswerte Effekte (Effektstärke von 0,67) und weisen auf das Potenzial von Chatbots hin. Ohne Zweifel können sie zu einer Steigerung der Lernleistung führen – aber nicht in jedem Fall, denn es gibt einige Bedingungen. So zeigen die Studien, dass die Effekte von Chatbots in der Versuchsgruppe nur auftreten, wenn in der Kontrollgruppe keine alternativen Maßnahmen stattfinden. Findet in der Kontrollgruppe hingegen ein zusätzlicher Austausch zwischen Lernenden oder mit der Lehrperson statt, verlieren sich die positiven Effekte von Chatbots im Vergleich mit der Versuchsgruppe. Des Weiteren lässt sich eine Wirksamkeit vor allem bei älteren Lernenden nachweisen, wohingegen sie im Grundschulbereich zurückgeht. Dementsprechend sind höhere Effekte bei komplexeren Fächern zu finden. Darüber hinaus wird deutlich, dass die

Effekte nur dann auftreten, wenn der Einsatz von Chatbots didaktisch geplant ist und begleitet wird. Wer Chatbots beiläufig verwendet, erfährt keine kognitive Förderung. Schließlich weisen die Studien darauf hin, dass ein zeitliche Begrenzung der Wirksamkeit von Chatbots förderlich ist. Wenn diese permanent zur Verfügung stehen, dann verflüchtigen sich die positiven Effekte. Ein immer wieder genannter Effekt von Chatbots, dass durch ihren Einsatz die Lernmotivation steigt, lässt sich empirisch nicht aufrechterhalten. In den Meta-Analysen zeigen sich berichtete Effekte der Primärstudien entweder als nicht signifikant oder als kurzzeitig und nicht von Dauer. Erwähnenswert ist, wie häufig beim Einfluss digitaler Medien, dass die Effekte in asiatischen Ländern größer sind als in westlichen Ländern, was sicherlich auch mit der Lernkultur zusammenhängt.

Wie immer bei Technik, so auch bei Chatbots, zeigt sich, dass Technik weder gut noch schlecht ist. Es kommt immer darauf an, wie Menschen sie nutzen. Sinnvoll eingesetzt können sie im Lehr-Lern-Prozess die Rolle eines kritischen Freundes einnehmen,[30] indem sie Vorschläge machen, Input geben oder Überlegungen kommentieren, kritisieren und verbessern – dies gilt für Lernende während der Auseinandersetzung mit Lerninhalten und der Bewältigung von Lernaufgaben ebenso wie für Lehrpersonen bei der Analyse, Planung und Evaluation von Unterricht. Unsinnig wird der Einsatz vor allem dann, wenn Chatbots das eigene Denken ersetzen. Außer mehr Freizeit hat es für Lernende beispielsweise keinen Vorteil, wenn ChatGPT & Co. die Hausaufgaben machen und sie nichts verstanden haben. Dementsprechend haben Lehrpersonen außer Zeitersparnis nichts gewonnen, wenn Chatbots die Korrektur von Schülerarbeiten übernehmen – ganz im Gegenteil: Erkenntnis geht verloren, weil die Durchsicht von Schülerarbeiten nicht nur dazu dient, dem Lernenden Rückmeldung zu geben, sondern auch der Lehrperson zu verstehen hilft, was im Unterricht funktioniert hat und was gegebenenfalls nochmals anzugehen ist.

So zeigt sich, dass für die Wirksamkeit von Chatbots die Unterrichtsqualität entscheidend ist. Folgt man hier den derzeitigen Modellen, so sind es vor allem sieben Punkte. Diese gelten sowohl für analoge als auch für digitale Medien und beschreiben damit eine Grammatik des Lernens, die das Primat der Pädagogik begründet:[31]

1. Lernen braucht eine Atmosphäre des Vertrauens und Zutrauens. Ohne positive Beziehungen zwischen den Lernenden und der Lehrperson, aber auch zwischen den Lernenden untereinander bleiben viele Bemühungen wirkungslos.
2. Forschungen zum Lernerfolg bestätigen immer wieder, wie wichtig der Faktor „Klassenführung" ist. Er ist der Garant dafür, dass Lernen reibungslos und mit Schwung, ohne Ablenkungen und in sozialer Interaktion abläuft.
3. Lernen darf weder zu leicht noch zu schwer sein. Führt das eine zu einer Unterforderung, so ist Überforderung die Folge des anderen. Beide Fälle verringern den Lernerfolg maßgeblich. Stattdessen kommt es auf die Herausforderung beim Lernen an. Diese wird vor allem

dadurch erreicht, dass die zu bearbeitenden Aufgaben für Lernende gerade noch bewältigbar sind.

4. Je klarer den Lernenden die Ziele sind, die sie erreichen sollen, und je klarer ihnen vor Augen geführt wird, wie Lernerfolg aussehen soll, desto erfolgreicher können sie lernen.
5. Lernen ist ein sozialer Prozess. Selbst in Phasen des Alleinlernens ist man nur auf den ersten Blick allein. Ein zweiter Blick zeigt nämlich, dass das Video, das Buch, das Arbeitsblatt u. v. a. m. das Werk eines Gegenübers ist und insofern einen sozialen Charakter aufweist. Damit aber nicht genug: Solange es in Schule um Bildung geht, spielen soziale Interaktionen die entscheidende Rolle. Denn erst im Austausch miteinander hinterfragt man sich, überdenkt seine Werte und Normen, wendet das erworbene Wissen im Lebensalltag an und entwickelt seine Persönlichkeit weiter.
6. Lernen ist ohne Motivation nicht möglich. Aus Forschungen ist bekannt, dass es unterschiedliche Formen der Motivation gibt: Auf der einen Seite besteht eine sachfremde Motivation, die durchaus wirksam, aber auch sehr kurzanhaltend ist. Auf der anderen Seite gibt es eine sachbezogene Motivation, die ebenso wirksam ist, aber den Vorteil hat, dass sie nachhaltig wirkt.
7. Festzustellen, ob Lernende die Ziele erreicht haben, ist aus didaktischer Sicht unabdingbar. Nicht nur Lehrpersonen brauchen diese Information, um den nächsten Unterricht planen zu können, auch für Lernende ist es wichtig zu erkennen, was sie geleistet haben und woran sie als nächstes arbeiten müssen.

SAMR und ACDC als Kompass für Pädagogik vor Technik

Die Debatte über den Einfluss digitaler Medien im Bildungsbereich geht mit Chatbots in eine neue Runde. Nach Jahren eines Digitalisierungswahns, der angestoßen durch die Corona-Pandemie Milliarden in die Schulen spülte und dort als Smartboards, Tablets & Co. in Klassenzimmer sichtbar ist, folgen seit einigen Monaten kritisch-konstruktive Beiträge, wie die Stellungnahme des Karolinska Instituts, der UNESCO Global Education Monitoring Report und zuletzt PISA 2022.[32] Ihnen allen ist gemein, dass sie keine Evidenz für die Allmacht der Technik liefern. Stattdessen werden die wenigen positiven Effekte überlagert von den negativen Auswirkungen auf kognitive Leistungen, wie Lesen und Rechnen, und auf allgemeine Gesundheitsaspekte, wie Schlaf, psychische Entwicklung, körperliche Aktivität und soziales Verhalten.

Die Schlussfolgerung ist schlicht, aber eindringlich: Statt über digitale Medien zu diskutieren, ist es sinnvoller, über die Art der Nutzung zu reden. Digitale Medien gehören zur Lebenswelt und gerade junge Menschen verstehen sich auf Technik. Aber allein daraus folgen noch nicht positive Effekte auf das Lernen und die Bildung. Diese Unterscheidung ist wichtig. Denn digitale Medien sind im Hinblick auf ihre Wirkung auf das Lernen in den Fächern anders zu bewerten als im Hinblick auf Bildungsprozesse.[33]

Das Lernen in den Fächern bedarf vor allem einer Lernkultur, die getragen wird von einer intakten Lehrer-Schüler-Beziehung, einer hohen Motivation, einer klaren Kommunikation und herausfordernden Lernaufgaben. Diese Grammatik des Lernens ist bedeutsam, ob nun mit analogen oder digitalen Medien gelernt wird. Unterricht wird folglich allein durch digitale Medien nicht besser, aber er kann von ihnen profitieren – wenn es gelingt, mithilfe der digitalen Medien die Herausforderung noch besser zu setzen, die Kommunikation noch klarer zu gestalten und dergleichen. Mithilfe des SAMR-Modells von Ruben Puentedura lassen sich die Unterschiede des Einsatzes digitaler Medien auf vier Ebenen sichtbar machen:[34]

Auf der Ebene „Substitution" werden analoge Medien durch digitale Medien ersetzt, z. B. die Tafel durch das Smartboard oder das Heft durch das Tablet. Ähnliches geschieht auf der Ebene „Augmentation", auf der viele analoge Medien in einem digitalen Medium zusammengeführt werden – das Tablet als Hardware für alles, in dem nicht nur das Heft einen Ersatz findet, sondern auch Schulbuch, Taschenrechner usw., und Chatbots als dazu passende Software, also Lexika, Rechtschreibkontrolle und Übersetzungsdienst in einem. Schneller können dadurch Lernprozesse werden, aber nicht unbedingt bildungswirksamer. Denn solange das Digitale das Analoge nur ersetzt, ändert sich die Unterrichtsqualität nicht. Empirisch gesichert ist, dass auf diesen Ebenen des Einsatzes digitaler Medien so gut wie kein positiver Effekt messbar ist. Verändert oder ersetzt das Digitale auf dieser Ebene aber das Denken der Lernenden, beispielsweise dann, wenn beim digitalen Lesen zu schnell gewischt wird oder ChatGPT die Hausaufgaben macht, so sind negative Effekte die Folge. Die Unterrichtsqualität wird erst gesteigert, wenn auf der Ebene „Modifikation" mittels digitaler Medien die Lernaufgabe verändert wird. Das ist beispielsweise der Fall, wenn im Aufsatzunterricht Texte nicht mehr nur in Einzelarbeit geschrieben werden, sondern die Möglichkeit der Kollaboration genutzt wird und in Teams, im digitalen Austausch mit einem Autor oder auch im sinnvollen Umgang mit ChatGPT an einem Text gearbeitet wird. Beispielsweise kann im Fremdsprachenunterricht ein Chatbot Schülerantworten zu einem grammatikalischen Sachverhalt analysieren und weitere Übungsaufgaben mit zunehmenden Schwierigkeitsniveau liefern. Auf der Ebene „Redefinition" kommen neue Lernaufgaben hinzu, die nur noch mithilfe digitaler Medien gelöst werden können. Im genannten Beispiel könnte zur Geschichte ein Film gedreht werden, bei dem dann auch über Rollen, Kamera oder Musik nachzudenken ist, oder ein Schüleraufsatz wird von einem Chatbot kritisch-konstruktiv kommentiert und mit Impulsen für die Weiterarbeit (in der Gruppe) versehen.

Wichtig auf den Ebenen der Modifikation und der Redefinition ist, dass die Rückmeldungen von Chatbots nicht als absolut gesehen werden und nicht unreflektiert übernommen werden dürfen – dies nicht nur deswegen, weil Chatbots auch Fehler machen, sondern weil auch sonst erneut das Denken ausgelagert wird und damit der Lerneffekt verlorengeht.

Bildung ist nun aber mehr als Lernen. Es bezieht sich nicht nur auf den Kompetenzaufbau in den Fächern, sondern auch auf das menschliche Fühlen, Denken und Handeln. Dieses wird durch digitale Medien massiv beeinflusst. Schon heute ist zu beobachten, wie sich die nachwachsende Generation verändert, wie sie kommuniziert und wie sie sich Informationen beschafft – der Generationenunterschied war vermutlich noch nie so groß wie heute. Daher sind die Risiken nicht auszublenden, sondern es ist pädagogisch darauf zu reagieren. Ablenkungsherde, suchtähnliches Verhalten und Depressionen infolge eines unreflektierten Medienkonsums sind keine Seltenheit. Das ACDC-Modell liefert mit den Stufen „Adjust", „Check", „Develop" und „Challenge" wichtige Impulse: Angesichts der Auswirkungen von digitalen Medien auf die Gesundheit ist es fahrlässig, Kindern nach Belieben digitale Medien zu geben. Allen voran das Smartphone bringt in vollem Funktionsumfang dermaßen viele Fallstricke mit sich, dass es Menschen erst ab einem bestimmten Alter eigenverantwortlich nutzen können – und eben nicht in der Grundschule. Man kommt also nicht umhin, den Umgang im Hinblick auf Art und Dauer einzuschränken. Überall dort, wo Regulierung stattfindet, ist es zwingend zu kontrollieren. Sodann braucht Medienkompetenzerwerb Zeit. Selbststeuerung beispielsweise lässt sich nicht per Knopfdruck einschalten, sondern erfordert einen mühsamen Lernprozess mit vielen Gesprächen über das, was man an Informationen erhält und wie es einem dabei geht. Schließlich sind im Sinn einer Medienmündigkeit Lernende Schritt für Schritt zu begleiten und zur Selbstverantwortung zu führen. Dafür ist das Setzen von Herausforderungen im Lernprozess wichtig: Woran lassen sich beispielsweise Fake News erkennen, wie kann man seine Daten schützen und welche Quellen sind vertrauenswürdig?

Die dargestellte Zeitenwende in der Debatte über den Einfluss von digitalen Medien ist wünschenswert, damit die vielen Milliarden, die mittlerweile in Schulen angekommen sind, nicht nur als Technik an der Wand hängen, sondern auch in den Köpfen von Lernenden etwas verändern. Die stetig sinkenden Ergebnisse bei Schulleistungsstudien unterstreichen das. Ein Weiterso beim Umgang mit digitalen Medien wird diese Tendenz verschärfen, eine pädagogisch vernünftige Digitalisierung kann eine Trendwende einleiten. Pädagogik vor Technik bleibt dafür unerlässlich.

Epilog: Habe den Mut, die Technik mit Verstand zu benutzen!

Versucht man aus den angestellten Überlegungen und angesichts eines sich enorm verändernden Forschungsfeldes, Schlussfolgerungen zu ziehen, so bleibt einmal mehr die altbewährte schulpädagogische Conclusio: Die Unterrichtsqualität ist entscheidend. Welche Medien auch immer, sie machen aus einem schlechten Unterricht keinen guten. Nur ein guter Unterricht kann von einem sinnvollen Medieneinsatz profitieren. Wie lässt sich Unterrichtsqualität fassen?

Die Frage, wie sich Unterrichtsqualität in wenigen Worten fassen lässt, beschäftigt seit jeher die empirische Bildungsforschung und wird in eine Reihe von Modellen der Unterrichtsqualität überführt. Zu den bekannteren zählen die so genannten „7 C's of Effective Teaching“ des MET-Projektes (control, clarify, challenge, captivate, care, confer, consolidate) oder auch die drei Basisdimensionen des Unterrichts (effiziente Klassenführung, Unterrichtsklima und kognitive Aktivierung).[35] Ebenso finden die formulierten Kernbotschaften ihren Niederschlag in den bekannten Kriterienkatalogen von Jere Brophy, Hilbert Meyer sowie Andreas Helmke.[36] In ähnlicher Weise wird in „Kenne deinen Einfluss!“ mit der Zuspitzung „Grammatik des Lernens“ ein weiterer Versuch in diese Richtung unternommen. So unterschiedlich diese Modelle auf den ersten Blick erscheinen, so ist dennoch festzustellen: Größer als die Differenzen sind die Übereinstimmungen. Das beruhigt und ist für Lehrpersonen wichtig, weil der Schluss daraus lautet: Es ist nicht entscheidend, welchem Modell in der Unterrichtsplanung letztlich gefolgt wird. Wichtiger ist, dass ein Modell oder eine Synthese aus verschiedenen Modellen die Grundlage ist. Denn damit ist sichergestellt, dass empirische Ergebnisse die Rahmung für die Unterrichtsplanung liefern – und somit nicht mögliche Mythen bestimmen, was im Unterricht geschieht, sondern evidenzbasierte Erkenntnisse.

Auch wenn es letztendlich weniger wichtig ist, welches Modell gewählt wird, ist es angesichts einer Transparenz in der Argumentation erforderlich, die Auswahl zu begründen. Mit Blick auf das Ziel, einen praktikablen Fragebogen für den tagtäglichen Einsatz im Unterricht zu entwickeln, zeigen sich die 7 C im Vergleich zu den anderen Modellen als besser geeignet. Im Kern sind es drei Gründe: ein erziehungswissenschaftlicher, ein unterrichtspraktischer und ein psychologischer: Erstens basieren die 7 C auf der im Vergleich größten Datengrundlage und wurden anhand umfangreicher Befragungen von Lernenden im englischsprachigen Kontext entwickelt. Diese konnten ebenfalls im deutschen Sprachraum repliziert werden.[37] Zweitens enthalten die 7 C mehr Informationen als die ebenso breit rezipierten drei Basisdimensionen, deren Kürze in Unterrichtsgesprächen zum Nachteil reichen kann. Und drittens sind die 7 C nicht so umfänglich wie beispielsweise die 10 Kriterien von Hilbert Meyer und Andreas Helmke. Aus psychologischen Forschungen ist bekannt, dass die Zahl 7 aufgrund kognitiver Kapazitäten des Menschen als „magische Zahl“ gilt.[38]

Vor dem Hintergrund dieser Überlegungen lassen sich die 7 C folgendermaßen beschreiben:

Herausforderung: Lehrpersonen, die ein hohes Maß an Herausforderung im Unterricht umsetzen, bestehen darauf, dass ihre Schülerinnen und Schüler sich anstrengen und ihre beste Lernleistung erbringen. Sie setzen hohe Lernstandards, fordern Ausdauer ein und kontrollieren den Einsatz der Lernenden.

Klarheit: Lehrpersonen, die ein hohes Maß an Klarheit im Unterricht umsetzen, setzen auf Verständlichkeit und Strukturierung. Sie erklären Ideen und Konzepte auf vielfältige Weise und fragen immer wieder nach, um Missverständnisse zu vermeiden.

Klassenführung: Lehrpersonen, die ein hohes Maß an Klassenführung umsetzen, fördern ein geordnetes, respektvolles und aufgabenorientiertes Verhalten im Klassenzimmer. Sie schaffen durch durchdachte und transparente Regeln und Rituale ein effektives Lernklima.

Motivierung: Lehrpersonen, die ein hohes Maß an Motivierung im Unterricht umsetzen, wecken das Interesse der Schülerinnen und Schüler am Lernen und halten dieses aufrecht. Sie binden Lernende ein, indem sie den Unterricht interessant, relevant und unterhaltsam gestalten und auf Mitarbeit achten.

Sicherung: Lehrpersonen, die ein hohes Maß an Sicherung im Unterricht umsetzen, geben den Schülerinnen und

Schülern ausreichend Zeit für Übung und Wiederholung. Sie fassen zusammen und stellen Verbindungen her, die den Lernenden helfen, Inhalte tiefgründig zu verstehen und nachhaltig zu lernen.

Mitwirkung: Lehrpersonen, die ein hohes Maß an Zusammenarbeit und Rückmeldung im Unterricht umsetzen, zeigen großes Interesse an den Ideen der Schülerinnen und Schüler. Sie geben darauf wirksames Feedback und fordern selbst Rückmeldungen von den Lernenden.

Angesichts der Komplexität des Forschungslage und der Verwobenheit theoretischer Ansätze, ist es schwierig, abschließend eine Handlungsempfehlung an Lehrpersonen zu geben, die nicht warten können, bis umfängliche Studienergebnisse vorliegen, und im Hier und Jetzt agieren müssen. Versucht man dies dennoch, so sind es folgende fünf:

1. Planen Sie den Einsatz von Chatbots bewusst und zielgerichtet, indem Sie beispielsweise Prompts vorgeben.
2. Nutzen Sie Chatbots vor allem als kritischen Freund bei komplexen Aufgaben.
3. Vermeiden Sie es, durch Chatbots persönlichen Austausch zu ersetzen.
4. Reflektieren Sie beim Einsatz von Chatbots, wie diese helfen können, den Unterricht herausfordernder, motivierender, kollaborativer und evaluativer zu machen.
5. Entwerfen Sie im Kollegium ein fachspezifisches Curriculum zum Einsatz von Chatbots, in dessen Zentrum eine medienerzieherische Perspektive steht.

Bei allen Möglichkeiten, die Chatbots aus pädagogischer Sicht mit sich bringen, ist den oben angedeuteten Gefahren Aufmerksamkeit zu schenken. Sie können, wenn pädagogisch nicht darauf reagiert wird, in eine selbstverschuldete Unmündigkeit führen.

Dies ist aus historischer Sicht nicht neu: Bereits in der Aufklärung war eine selbstverschuldete Unmündigkeit der Anstoß gesellschaftlicher Kritik. Als ihre Quelle wurden Faulheit und Feigheit angeprangert. Es ist bequem, woanders denken zu lassen und unmündig zu sein. Warum sollte man sich auch anstrengen, wenn die Technik das, was man nur mühsam erreicht, scheinbar in gleicher Weise hinbekommt? Wer dann lange genug in seiner Bequemlichkeit verharrt, wird am Ende nicht mehr in der Lage sein, das Heft das Handelns selbst in die Hand zu nehmen. Auch Chatbots verleiten den Menschen zu Faulheit und Feigheit, machen sie vieles schneller und auch besser. Warum also noch selbst denken?

Diese Gefahren von ChatGPT & Co. sind gewichtiger als alle Risiken im Datenschutz, mögliche Fehler und Verzerrungen im Inhalt sowie begrenzte Ethik und Empathie. Denn sie setzen an der Stelle an, die den Menschen zum Menschen macht: Als freies Wesen kraft seiner Vernunft ein erfülltes Leben zu führen. Ist das nicht mehr gegeben, wird der Mensch manipulierbar, unmoralisch, unreflektiert und letztlich dumm.

Es zeigt sich also der pädagogische Auftrag, den Menschen mehr als früher das Denken zu lehren. Was etwas für uns Menschen bedeutet, welchen Sinn es für uns hat, sind die zentralen Fragen und sie können von Technik nicht beantwortet werden. Mehr als früher ist es notwendig, dem Menschen die Gabe der Freiheit und die damit verbundene lebenslange Aufgabe bewusst zu machen. Verantwortung kann nicht delegiert werden. Der Mensch ist dank seiner Vernunft zwar frei von Zwängen, aber immer auch frei, sich zu entscheiden.

Die vernünftige Freiheit, die Jürgen Habermas ins Zentrum seines Spätwerkes stellt,[39] wird zum Bildungsziel der Moderne: Ohne Vernunft kann der Mensch nicht in Freiheit leben, läuft vielmehr Gefahr, in Unmündigkeit zu fallen. Gerade die junge Generation versteht sich auf Technik und kann sie ohne Umstände bedienen. Die Herausforderung aber lautet, dass die Technik dem Menschen dient. Und so gilt heute mehr noch als in Zeiten der Aufklärung der Wahlspruch: Habe Mut, dich deines eigenen Verstandes zu bedienen! Mit der Ergänzung: Und leg das Handy beiseite!

Endnoten

1 Vgl. https://www.nzz.ch/meinung/technik-ist-einer-der-groessten-treiber-fuer-mehr-bildungsungerechtigkeit-darum-sind-auch-chatbots-keine-heilsbringer-ld.1725132 und https://www.nzz.ch/meinung/hirne-statt-handys-die-gefahren-eines-flaechendecken-den-einsatzes-von-ki-ld.1772636.

2 Vgl. https://www.nzz.ch/meinung/hirne-statt-handys-die-gefahren-eines-flaechendeckenden-einsatzes-von-ki-ld.1772636.

3 Vgl. https://www.faz.net/aktuell/karriere-hochschule/lehrer-muessen-die-wirkungen-kennen-19552054.html.

4 Vgl. Zierer (2023): Hattie für gestresste Lehrer 2.0, Baltmannsweiler.

5 Vgl. Weizenbaum (1978): Die Macht der Computer und die Ohnmacht der Vernunft, Frankfurt.

6 Vgl. Heidegger (1959): Gelassenheit. Pfullingen.

7 Heidegger (1959): Gelassenheit. Pfullingen, S. 14.

8 Heidegger (1959): Gelassenheit. Pfullingen, S. 14.

9 Heidegger (1959): Gelassenheit. Pfullingen, S. 14.

10 Heidegger (1959): Gelassenheit. Pfullingen, S. 15.

11 Vgl. Zierer (2010): Conditio Humana. Baltmannsweiler, S. 21–38.

12 Heidegger (1959): Gelassenheit. Pfullingen, S. 25.

13 Heidegger (1959): Gelassenheit. Pfullingen, S. 25.

14 Heidegger (1959): Gelassenheit. Pfullingen, S. 15.

15 Vgl. Anders (1980): Die Antiquiertheit des Menschen, München.

16 Vgl. Heidegger (2001): Sein und Zeit, Tübingen.

17 Vgl. Nida-Rümelin et al. (2020): Die Debatte über digitale Bildung ist entgleist, in: Neue Zürcher Zeitung, 08. Juni, S. 8.

18 Vgl. Heidegger (1954): Die Frage nach der Technik, Pfullingen.

19 Vgl. Anders (1980): Die Antiquiertheit des Menschen, München.

20 Anders (1980): Die Antiquiertheit des Menschen, München, S. 9.

21 Vgl. Hegel (1980): Phänomenologie des Geistes, Hamburg und zum Folgenden Nida-Rümelin et al. (2023): Demokratie in die Köpfe, Stuttgart.

22 Vgl. Scheler (1976): Gesammelte Werke, Band 9, Bern.

23 Vgl. Zierer (2016): Conditio Humana, Baltmannsweiler.

24 Vgl. Winkel (Hrsg.) (1988): Pädagogische Epochen, Düsseldorf.

25 Vgl. Kant: Was ist Aufklärung?, Potsdam, 1845.

26 Kant (1983): Über Pädagogik (1803), in: Werke in 10 Bänden, Band 10, Darmstadt, S. 711.

27 Vgl. Niemeyer (1832): Grundsätze der Erziehung und des Unterrichts, Reutlingen, S. 481.

28 Habermas (2019): Auch eine Geschichte der Philosophie, Band 1, Berlin, S. 13.

29 Vgl. Alemdag (2023): The effect of chatbots on learning: a meta-analysis of empirical research, in: Journal of Research on Technology in Education, https://doi.org/10.1080/15391523.2023.2255698; Wu et al. (2023): Do AI chatbots improve students learning outcomes? Evidence from a meta-analysis, in: British Journal of Educational Technology, https://doi.org/10.1111/bjet.13334; Deng & Yu (2023): A Meta-Analysis and Systematic Review of the Effect of Chatbot Technology Use in Sustainable Education, in: Sustainability, https://doi.org/10.3390/su15042940; Zhang et al. (2023): Effect of chatbot-assisted language learning: A meta-analysis, in: Education and Information Technologies, https://doi.org/10.1007/s10639-023-11805-6; Lee & Hwang (2022): A meta-analysis of the effects of using AI chatbot in Korean EFL education, in: Studies in English Language & Literature, http://www.aellk.or.kr/datax/thesis/111995043391172.pdf.

30 Vgl. Lo (2023): What Is the Impact of ChatGPT on Education? A Rapid Review of the Literature, in: Education Sciences, https://doi.org/10.3390/educsci13040410

31 Vgl. Hattie et al. (2022): Kenne deinen Einfluss!, Baltmannsweiler, S. 113.

32 Vgl. die Stellungnahme des Karolinska-Instituts findet sich auf https://bildung-wissen.eu/fachbeitraege/karolinska-institut-schweden-stellungnahme-zur-nationalen-digitalisierungsstrategie-in-der-bildung.html; der UNESCO Global Education Monitoring Report auf https://www.unesco.org/gem-report/en und PISA 2022 auf https://www.oecd.org/pisa/.

33 Vgl. zum Folgenden Zierer (2020): Lernen 4.0, Baltmannsweiler.

34 Vgl. http://www.hippasus.com/rrpweblog/archives/2013/05/29/SAMREnhancementToTransformation.pdf.

35 Vgl. MET (2010): Learning about Teaching, New York und Kunter et al. (2011): Professionelle Kompetenz von Lehrkräften – Ergebnisse des Forschungsprogramms COACTIV, Münster.

36 Vgl. Brophy, J. E. (1999): Teaching, Genf; Meyer (2004): Was ist guter Unterricht, Berlin und Helmke (2014): Unterrichtsqualität und Lehrerprofessionalität – Diagnose, Evaluation und Verbesserung des Unterrichts, Stuttgart

37 Vgl. Wisniewski (2020): Entwicklung eines Online-Fragebogens zur Erhebung von Unterrichtsqualität durch Lernendenfeedback und erste Validierungsschritte, in: Psychologie in Erziehung und Unterricht, S. 138–155.

38 Vgl. Miller (1956): The magical number seven, plus or minus two: Some limits on our capacity for processing information, in: Psychological Review, S. 81–89.

39 Vgl. Habermas (2019): Auch eine Geschichte der Philosophie, Band 1, Berlin.